BEI GRIN MACHT SICH IHR WISSEN BEZAHLT

AF144700

- Wir veröffentlichen Ihre Hausarbeit,
  Bachelor- und Masterarbeit

- Ihr eigenes eBook und Buch -
  weltweit in allen wichtigen Shops

- Verdienen Sie an jedem Verkauf

Jetzt bei www.GRIN.com hochladen
und kostenlos publizieren

Marktübersicht und Leistungskomponenten von Online-Shops

GRIN

Bibliografische Information der Deutschen Nationalbibliothek:

Die Deutsche Nationalbibliothek verzeichnet diese Publikation in der Deutschen Nationalbibliografie; detaillierte bibliografische Daten sind im Internet über http://dnb.d-nb.de abrufbar.

ISBN: 9783346772817
Dieses Buch ist auch als E-Book erhältlich.

Das Buch bei GRIN: https://www.grin.com/document/1304807

I

Inhaltsverzeichnis

Abbildungsverzeichnis

III

Tabellenverzeichnis

Abkürzungsverzeichnis

Bevh	Bundesverband E-Commerce und Versandhandel Deutschland
E-Commerce	Electronic Commerce
SaaS	Software-as-a-Service

1. Einleitung

1.1. Ausgangssituation

Als einer der großen Gewinner der Corona Pandemie gilt das Onlinegeschäft mit einem Kundenumsatz von rund 87 Mrd. Euro im Jahr 2021.[1] Aber auch schon vor der Pandemie erfreuten sich die Online-Shops in Deutschland einem stetigen Wachstum von 16 Mrd. Euro im Jahr 2009 bis auf 60 Mrd. Euro im Jahr 2019.[2] Anhand dieser Wachstumsraten ist die Wichtigkeit einer ansprechenden Online-Performance deutlich erkennbar. Zumal vor allem während der Covid-Lockdown Zeiten die Anbieter ohne einen aufgebauten Online-Shops mit starken Verlusten zu kämpfen hatten, was teilweise zu einer Geschäftsaufgabe führte. Um auch während unplanbaren Ereignissen weiterhin konkurrenz- und überlebensfähig zu bleiben, ist auch bei Filialgeschäften die Initiierung eines Online-Shops essenziell.

1.2. Ziel und Aufbau der Arbeit

Durch die Auswahl der optimalen Online-Shop Lösung ermöglicht der Verkäufer seinem Kunden ein einzigartiges Verkaufserlebnis, weshalb es das Ziel dieser Arbeit ist, eine Marktübersicht über die Online-Shop Anbieter und deren Leistungskomponenten zu gewinnen. Der Fokus in dieser Arbeit liegt auf dem Business-to-Consumer Bereich, dies bedeutet, dass in diesem Fall kleine bis mittlere Unternehmen ihre Produkte mittels eines Online-Shops an ihre Endkunden verkaufen möchten.

Als Basis erfolgt eine Darlegung der theoretischen Grundlagen, in welchen auf den Begriff Online-Shop eingegangen wird, ebenso wie auf die Entwicklung und die Erfolgsfaktoren.

In Kapitel 3 wird eine Analyse des Marktes vorgenommen, welche mit einem Überblick über die möglichen Anbieter beginnt, woraufhin drei Anbieter ausgewählt werden und im Weiteren als Vergleichsbasis herangezogen werden. Zudem werden die Wesentliche Funktionen der Shop-Lösungen, ihrer angebotenen Dienstleistungen und die Preis- und Vergütungsmodelle spezifiziert. Im Anschluss werden die funktionalen Defizite der Software-Lösungen thematisiert.

Abschließend endet diese Arbeit mit einer kurzen Zusammenfassung und einer kritischen Würdigung.

---

[1] Vgl. Rabe (2022), o.S. E-Commerce in Deutschland: Daten und Fakten zum boomenden Onlinegeschäft | Statista
[2] Vgl. Kreutzer (2020), S. 574

2. Grundlagen des Online-Shops

2.1. Definition

Es sind verschieden Definitionen des Electronic Commerce (E-Commerce) vorhanden, jedoch kann zusammengefasst festgestellt werden, dass dies die Betitelung des Online-Kaufs und Verkaufs von Gütern definiert.[3] Diesem Teilbereich des Electronic Business werden die Online-Shops zugeordnet. Mit Hilfe eines eigenständigen Hard- und Softwaresystems hat der Verkäufer die Möglichkeit die angebotenen Güter über die Rechnernetze zu präsentieren und zu verkaufen.[4] Dementsprechend kann ein Online-Shop auch als digitales Aushängeschild oder virtueller Verkaufsraum bezeichnet werden.

2.2. Entwicklung

Die erste getätigte Online-Transaktion in einem Online-Shop wurde im Jahr 1994 aufgezeichnet und seit diesem Zeitpunkt hat sich der Online-Handel weiterentwickelt, sodass nach Schätzungen des bevh im Jahr 2021 ein Marktvolumen von 99.1 Mrd. Euro in Deutschland erreicht wurde. Eine Steigerung von 19% im Vergleich zum Vorjahr.[5] Dadurch dass der Zugang der Online-Shops über vielzählige Kanäle, wie dem Computer, Tablet, oder dem Mobiltelefon möglich sind, kann das Einkaufserlebnis zu jeder Zeit und von überall erfolgen. Somit kann bequem von zu Hause auf der Couch eingekauft werden, was auch von den älteren Generationen gerne genutzt wird. Über 50% der Online-Käufe im Jahr 2021 wird Käufern der Altersklasse über 50Jahren zugeschrieben.[6]

2.3. Erfolgsfaktoren

Zu unterschieden ist, ob es sich um einen reinen Online-Handel handelt, oder z.B. eine Multikanalstrategie vorliegt, d.h. dass mehrere miteinander vernetzte Vertriebs- oder Kommunikationskanäle angeboten werden, über welche Güter oder Dienstleistungen beschafft werden können.[7] Zudem werden die Betriebsgröße, die Unternehmenshistorie und der Internationalisierungsgrad berücksichtigt.

---

[3] Vgl. Sjurts (2005) S. 102
[4] Vgl. Zwißler (2002) S. 32
[5] Vgl. Düssler (2022) S.1
[6] Vgl. Düssler (2022) S.2
[7] Vgl. Kollmann (2022) S.353

Auf dieser Basis können acht Erfolgsfaktoren näher betrachtet werden:

1. Einzigartige Online-Shop Anziehungskraft und ein differenziertes Verkaufsargument
2. Nutzung von sozialen Netzwerken und Communitys
3. Angebot einwandfreier Service- und Suchlösungen
4. Gezielte Individualisierung und Personalisierung der Bedürfnisbefriedigung
5. Nachhaltige System- und Supply-Chain-Exzellenz
6. Bestmögliche Sicherheitsstandards und -reputation
7. Unterstützende Absatz- und Kommunikationskanäle
8. Sourcing und strategische Kooperationen.[8]

3. Analyse des Online-Shop Marktes

3.1. Überblick wichtiger Anbieter

Das Angebot von Systemlösungen zum Aufbau eines Online-Shops sind vielzählig im Internet zu finden, sodass ein Vergleich der gewünschten Funktionen mit den verbundenen Kosten essenziell ist. Die Entscheidung muss zudem in Abhängigkeit davon getroffen werden, ob das Shop-System gemietet, gekauft oder selbst entwickelt werden soll. In dem Fall, dass bereits ein Warenwirtschaftssystem vorhanden ist, oder Schnittstellen zum physischen Lager und den notwendigen Logistiklösungen vereint werden sollen, muss der Integrationsgrad bei der Entscheidungsfindung berücksichtigt werden.[9]

Zudem spielt die Administrationsfähigkeit zur effizienten Handhabung eine wichtige Rolle und auch die Rentabilität des Systems muss betrachtet werden.[10]

Im Folgenden ist eine Darstellung möglicher Shopsysteme abgebildet:[11]

---

[8] Vgl. Heinemann (2022) S.264
[9] Vgl. Kollmann (2022) S.276
[10] Vgl. Kollmann (2022) S.276
[11] Vgl. Heinemann (2022) S.340

Open Source
- Frei verfügbarere und jederzeit einsehbare Quellcodes
- Anschaffung kostenlos, weitere Services jedoch kostenpflichtig
- Geeignet für mittelgroße Shops

On Premise
- Kaufsoftware
- Meist Kauf einer Standartsoftware, Anpassungen durch Käufer vorzunehmen
- Geeignet für größere Unternehmen / „Profi Seller"

SaaS-Lösungen
- Mietsoftware
- Monatliche Preisgestaltung, abhängig von dem gewählten Leistungspaket
- Geeignet für kleine und mittlere Unternehmen oder bei Finanzierung aus laufenden Einnahmen

Erweiterungen
- Plugins oder Content-Management-Systeme
- Meist kostenlos
- Geeignet für kleinere Shops

Abbildung 1: Shopsystem Anbieter[12]

3.2. Ausgewählte Anbieter

Im Rahmen dieser Arbeit wird der Fokus auf mittelgroße Unternehmen gesetzt, sodass nach einer ausführlichen Internetrecherche einige passende Anbieter verglichen und insgesamt drei von der Verfasserin ausgewählten Anbieter aufgelistet dargestellt, sowie in der weiteren Arbeit exemplarisch herangezogen werden:

- Jimdo, ab 15€ / Monat[13]
- Shopify, ab 27€ / Monat[14]
- IONOS, ab 19€ / Monat[15]

Abzugrenzen ist jedoch auch, dass es sich hierbei um die Basismodelle handelt. Bei den meisten Anbietern gibt es die Möglichkeit die Website eigens zu kreieren, oft unterstützt durch angebotene Baustein-Elemente. Jedoch wird das Angebot einiger Anbieter durch das kostenpflichtige Erstellen der ganzen Website erweitert, sodass lediglich die Wünsche und Ziele seitens des Verkäufers kommuniziert werden müssen und die Seite dann dementsprechend für den Verkäufer gestaltet wird.

---

[12] Eigene Darstellung
[13] Vgl. O.V. (2022), o.S Preise und Pakete für deinen Onlineshop - Jimdo
[14] Vgl. O.V. (2022), o.S Preise - Eröffne deinen Online Store noch heute - Shopify Deutschland
[15] Vgl. O.V. (2022), o.S Onlineshop erstellen » Eigenen Webshop einrichten mit IONOS

3.3. Wesentliche Funktionen der Shop-Lösungen

Die Konzentration dieser Arbeit liegt auf der selbstständigen Erstellung des Online-Shops, sodass die verschiedenen Baustein-Angebote der gewählten Anbieter analysiert werden.

Anhand einer Auswahl mehrerer Mietmodelle kann der Verkäufer entscheiden, ob das Basis-Modell oder ein höherpreisiges Modell mit zusätzlich integrierten Service- oder auch Dienstleistungen gewählt werden soll. Hier muss der Verkäufer seine Bedürfnisse definieren und daraufhin die Faktoren Kosten, Nutzen und Zeit ins Verhältnis setzen, schließlich ist keine monatliche Kündigung der monatlichen Mietlaufzeit des Shop-Systems gewährleistet.

Jedoch kann ein kostenintensiveres Abonnement Sinn machen, abhängig davon wie viel Zeit der Online-Shop Betreiber investieren kann und ob zum Beispiel die notwendigen Vorkenntnisse zum Aufbau des Shops vorhanden sind.

Das Ziel sollte es sein, dem Endkunden des Online-Shops ein optimales Verkaufserlebnis zu bieten, mit welchem u.a. eine Abgrenzung von den Konkurrenten möglich ist und die Wettbewerbsfähigkeit gesichert wird. Dementsprechend sollte gut abgewägt werden, ob ein Sparen an der Verkaufspräsentation – dem digitalen Aushängeschild – sinnvoll ist.

Es gibt jedoch einige Funktionen auf die der Käufer heutzutage nicht mehr verzichten wird, welche zum einen die Darstellung des Online-Shops betreffen, wie intuitive Navigationselemente oder der Zugang und die identische Präsentation auf verschiedenen Endgeräten, zum anderen liegt aber vor allem ein Aspekt sehr im Fokus, die Sicherheit. Sobald die persönlichen Daten des Käufers in das Online-Shop System eingegeben werden, um eine Bestellung auszulösen, verlässt sich der Käufer darauf, dass die Daten gesichert sind und keinem Dritten zur Verfügung stehen werden. Hierunter fällt insbesondere ein entsprechender Schutz gegenüber Hackerangriffen.

Zudem muss der Betreiber auf seinen Online-Shop aufmerksam machen, was immer häufiger über die sozialen Medien geschieht.[16] Dies kann auch durch eine Funktion der gewählten Shop-Lösung unterstützt werden. Viele Betreiber möchten auch kein eigenes Lager mehr nutzen oder sich nicht mehr auf das Verpacken und Versenden der physischen Güter konzentrieren, sodass auf das sogenannte Dropshipping – auch Streckengeschäft oder Direktversand genannt- zurückgegriffen wird. In diesem Fall ist der Online-Shop Betreiber innerhalb des Bestellprozesses lediglich für die Bestellung, die Abrechnung und den Kundenservice zuständig und der Hersteller oder

---

[16] Vgl. Heinemann (2022) S.292

Großhändler kümmert sich direkt um den Versand.[17] Je nach der gewählten Shop-Lösung wird der Großhändler direkt nach getätigter Bestellung informiert, sodass dies alles im Hintergrund abläuft und der Online-Shop Betreiber hier nicht direkt involviert werden muss.

Im Folgenden ist eine Gegenüberstellung einiger wesentlicher Funktionen der drei gewählten Anbieter zu sehen, welche in dieser Tabelle auf das Basis Modell beschränkt sind:

Basis Funktionen	Jimdo	Shopify	Ionos
Produktbegrenzungen	✗	✗	500
Speicherplatz	10GB	Unbegrenzt	Unbegrenzt
Produktvarianten	✗	✓	✓
Rabatt-Funktionen	✗	✓	Eingeschränkt
Gängige Zahlungsmethoden	✓	✓	✓
Optimiert für Mobilgeräte	✓	✓	✓
Social-Media-Shop	✗	✓	✓
SSL-Zertifikat	✓	✓	✓
Marketing-Automatisierung	✗	✓	✗
Dropshipping	✗	✓	✗
Internationaler Handel	✓	✓	Fokus Europa

Tabelle 1: Vergleich der Basis Funktionen[18]

3.4. Dienstleistungsangebote

Der Verkäufer kann den Online-Shop selbstständig mittels der verschiedenen Bausteinelementen an seine Bedürfnisse anpassen und die standardisierten Möglichkeiten durch individuelle Änderungen personalisieren. Je nach Anbieter wird der Aufbau des Online-Shops inklusive jedes einzelnen Bausteins anhand von Videoanleitungen Schritt für Schritt dargestellt, sodass die Auswahl sehr deutlich dargelegt wird und auch nur die für den Verkäufer interessanten Videos angesehen werden müssen.

Zusätzlich sind Support-Stellen - erreichbar per Telefon, Chat oder E-Mail - eingerichtet, welche bei Fragen zur Verfügung stehen. Hilfreich sind auch die teils vorhandenen Blogs, in welchen

---

[17] O.V. (2022): Verbraucherschutz im Online-Handel, Das sollten Sie über Dropshipping wissen | Bundesregierung
[18] Eigene Darstellung

sowohl die beliebtesten Einstellungsmöglichkeiten als auch die Erfahrungen von erfahrenen Betreibern dargestellt sind. Zudem gibt es darunter die Kommunikationsfunktion, sodass die Fragen und Anregungen der Konkurrenten, bzw. erfahrenen Online-Shop Betreiber studiert werden können. Auch das Präsentieren von guten Online-Shops auf der Shop-Lösungs-Website in der jeweiligen Produktkategorie hilft nicht nur beim Erstellen des Online-Shops, sondern ist auch für einen direkten Konkurrenten Vergleich nutzbar.

Bevor der passende monatliche Tarif ausgewählt wird, kann das Angebot einer Testphase bzw. eines Demo-Online-Shops genutzt werden. Dadurch kann ein Gefühl für die verschieden Bausteinelemente gewonnen werden und ebenso, ob es sich um den wirklich richtigen Anbieter für die Bedürfnisse des Verkäufers handelt.

Es gibt auch die Möglichkeit direkt in den Austausch mit anderen Betreibern zu treten, was bei dem Anbieter Shopify durch eine separate Community-Funktion gelöst wird, bei welcher die Betreiber z.B. ihren Online-Shop mit der Bitte um Feedback, platzieren können.[19] In der folgenden Tabelle sind einige Dienstleistungen exemplarisch aufgelistet:

Dienstleistungen	Jimdo	Shopify	Ionos
Anleitungen via Video	✗	✓	✗
Anleitungen via Dokument	✓	✓	✓
Podcasts	✗	✓	✗
Support	✓	✓	✓
Blogs	✗	✓	✗
Vergleichbare Online-Shops	✓	✓	✗
Demo-Shop / Testphase	✗	✓	✓
Betreiber Events	✗	✓	✗
Community Bereich	✗	✓	✗
Impressum Generator	✗	✓	✗
Print-on-Demand	✗	✓	✗

Tabelle 2: Vergleich der Dienstleistungen[20]

---

[19] O.V. (2022): Shopify-Community (DE)
[20] Eigene Darstellung

3.5 Preis- und Vergütungsmodelle

Bei den drei gewählten Anbietern handelt es sich, wie in Kapitel 3.1. ausgeführt, um eine Mietlösung, d.h. um eine Software-as-a-Service (SaaS) – Lösung. Dies bedeutet, dass der Nutzer für den Zugang zur Plattform und eine Auswahl an Services und Dienstleistungen einen monatlichen Pauschalbetrag bezahlen.[21] Dementsprechend wird bei diesen Lösungen die gesamte technische Infrastruktur zur Verfügung gestellt, welche vom Verkäufer mittels der zusätzlichen Leistungen individualisiert wird. In der folgenden Tabelle werden die verschiedenen Preismodelle der gewählten Anbieter verglichen, ebenso wie die Mindest-Vertragslaufzeit.

Preismodelle	Jimdo	Shopify	Ionos
Anzahl Auswahlmodelle	3	3	4
Basis-Modell	15€	27€	19€
Business / Mittleres Modell	19€	79€	25 / 50€
VIP / Expert Modell	39€	289€	75€
Vertragsbindung	12 / 24 Monate	1 Monat	6 / 12 Monate

Tabelle 3: Vergleich der Preis- und Vergütungsmodelle[22]

3.6. Funktionale Defizite der Software-Lösungen

Bei den in dieser Arbeit gewählten SaaS-Lösungen können die Nutzer vor allem schnell und kostengünstig ihren eigenen Online-Shop kreieren, was sich auch für Einsteiger gut anbietet. Aber es dürfen auch die Defizite nicht außer Acht gelassen werden, wie die Tatsache, dass die persönlichen Daten an den Anbieter abgetreten werden. Dies bedeutet, dass die Daten zwar mittels eines Vertrags zwischen dem Anbieter und dem Nutzer gesichert sind, jedoch ist der Nutzer abhängig von der Sicherheit dieser Cloud-Dienste und somit hat er keine direkte Kontrolle über mögliche Sicherheitslücken.[23]

---

[21] Rogers, A. (2022): SaaS Ecommerce: 5 Platforms to Power Your Ecommerce Site (2022) (shopify.com)

[22] Eigene Darstellung

[23] O.V. (2021): SaaS (Software as a Service) im Überblick | Vor- und Nachteile - IONOS

Auch kann sich der Verkäufer in der Individualisierbarkeit eingeschränkt fühlen, schließlich werden Standard-Bausteine angeboten, die lediglich bis zu einem bestimmten Grad individualisiert werden können. Die Schwierigkeit den Online-Shop passend zum vorhandenen Corporate Design aufzubauen kann bestehen, was zu zusätzlichen Kosten führen kann, indem ein separater Grafiker engagiert werden muss. Vor allem bei den Basis Modellen müssen zusätzliche Kosten mit einkalkuliert werden, sofern das technische und kreative Wissen nicht vorhanden ist. Zudem liegen in manchen Basis Modelle Einschränkungen der Produktanzahl, der Unterseiten oder der Speicherkapazität vor.

Sollte es zu Wartungsarbeiten oder Serverausfällen Seitens des Anbieters kommen, dann ist auch der Online-Shop des Verkäufers nicht für die Kunden erreichbar.

4. Schluss

4.1. Zusammenfassung

Der Online-Shop gilt als digitales Aushängeschild des Unternehmens und kann vom Kunden bequem zu jeder Zeit von überall und optimalerweise auch von jedem Endgerät erreicht werden. Der Verkäufer kann zwischen mehreren Online-Shop Lösungen aus den Bereichen Open Source, On Premise, SaaS-Lösungen oder Erweiterungen wählen. Die drei gewählten SaaS-Anbieter Jimdo, Shopify und IONOS werden auf die wesentlichen Funktionen geprüft und miteinander verglichen, wobei die Spezifikation auf den angebotenen Basis-Modellen liegt.

Im Anschluss stehen die Dienstleistungen im Fokus, welche u.a. den Aufbau des Online-Shops mittels der standardisierten Baustein-Elementen vereinfachen soll. Zudem erfolgt ein Vergleich der angebotenen Preis- und Vergütungsmodelle inklusive der Vertragslaufzeiten. Hier werden zwar alle Preismodelle aufgeführt, jedoch wird nicht auf die Unterschiede innerhalb dieser Modelle eingegangen. Zuletzt werden die funktionalen Defizite der Software-Lösungen aufgelistet, wie z.B. die Sicherheitsrisiken.

4.2. Fazit und kritische Würdigung

Mit der Auswahl des passenden Online-Shop Anbieters kann dem Kunden ein optimales Einkaufserlebnis geboten werden. Dies ist zur Abgrenzung von den Konkurrenten, zur Kundenbindung und somit zur Wettbewerbssicherung essenziell.

Die gewählte Online-Shop Lösung bildet den Grundstock für die Zukunft des Online-Shops, deswegen sollte sich der Verkäufer intensiv mit den eigenen Wünschen und Vorstellungen, aber auch mit den Bedürfnissen der Kunden auseinandersetzen. Dieses Ergebnis sollte neben den Faktoren Kosten und Zeit betrachtet werden und mit dem Nutzen der jeweiligen Online-Shop Lösung ins Verhältnis gesetzt werden.

Vor allem als Einsteiger in die Welt der Online-Shops ist es schwierig abzuschätzen welcher Online-Shop Anbieter und welches Modell passend sind, jedoch sollte man sich nicht von den kostengünstigen Basis-Modelle blenden lassen, schließlich können hier einige versteckte zusätzliche Kosten lauern, die der Verkäufer dann unabhängig von dem Anbieter auf externem Wege organisieren muss. Deswegen sollten die eigenen technischen, kreativen und auch rechtlichen Kenntnisse eingeordnet werden, ansonsten müssen jeweils Experten engagiert werden.

Literaturverzeichnis

Düssler F. (2022): E-Commerce ist das neue „Normal" - Branchenumsatz wächst 2021 auf mehr als 100 Mrd. Euro, Berlin

Heinemann G. (2022): Der neue Online-Handel - Geschäftsmodelle, Geschäftssysteme und Benchmarks im E-Commerce, Mönchengladbach

Kollmann T. (2022): Digital Business - Grundlagen von Geschäftsmodellen und -prozessen in der Digitalen Wirtschaft, Essen

Kreutzer, R.T. (2020): Praxisorientiertes Online-Marketing - Konzepte – Instrumente – Checklisten, 4. Auflage, Berlin

O.V. (2022): Unsere Preise und Pakete, Url: https://www.jimdo.com/de/preise/onlineshop/, Zugriff: 15.11.2022

O.V. (2022): Verbraucherschutz im Online-Handel, Das sollten Sie über Dropshipping wissen Url: https://www.bundesregierung.de/breg-de/aktuelles/dropshipping-informationen-941944#:~:text=Was%20ist%20Dropshipping%3F,nur%20die%20Bestellannahme%20und%20 Abrechnung Zugriff: 15.11.2022

O.V. (2022): Sofort Onlineshop erstellen und Plan später auswählen, Url: https://www.shopify.com/de/preise, Zugriff: 15.11.2022

O.V. (2022): Shopify Community, Url: https://community.shopify.com/c/shopify-community-de/ct-p/de?utm_campaign=navbar&utm_content=de&utm_medium=web&utm_source=shopify, Zugriff 15.11.2022

O.V. (2021): Was ist SaaS (Software as a Service)? Ein Überblick, Url: https://www.ionos.de/digitalguide/server/knowhow/saas-software-as-a-service-im-ueberblick-vor-und-nachteile/#:~:text=Bei%20den%20Nachteilen%20und%20m%C3% B6glichen,Datensicherheit%20und%20Performance%20kontinuierlich%20nachgebessert. Zugriff:15.11.2022

O.V. (2022): Onlineshop erstellen, Url: https://www.ionos.de/eshop-loesungen/onlineshop-erstellen?transaction_id=102d1f117cfeb1465aeca2f5c35afd&itc=9GK6OOLW-AFTQ4U-0Q1429E&ac=OM.PU.PUt02K418211T7073a&affiliate_id=1010&utm_source=affiliate&utm_medium=Tooltester+S.L.&utm_campaign=AFF-DE-ECO-ECWI-1010-----&utm_content=#packages, Zugriff: 15.11.2022

Rabe, (2022): E-Commerce in Deutschland: Daten und Fakten zum boomenden Onlinegeschäft Url: https://de.statista.com/themen/247/e-commerce/#topicOverview Zugriff: 15.11.2022

Rogers, A. (2022): SaaS Ecommerce: 5 Platforms to Power Your Ecommerce Site (2022) Url: https://www.shopify.com/blog/saas-ecommerce Zugriff: 15.11.2022

Sjurts, I. (2004): TNS INFRATEST: Monitoring Informationswirtschaft, 8. Faktenbericht. München

Zwißler, S.(2002): Electronic Commerce und Electronic Business, Heidelberg

BEI GRIN MACHT SICH IHR WISSEN BEZAHLT

- Wir veröffentlichen Ihre Hausarbeit,
  Bachelor- und Masterarbeit

- Ihr eigenes eBook und Buch -
  weltweit in allen wichtigen Shops

- Verdienen Sie an jedem Verkauf

Jetzt bei www.GRIN.com hochladen und kostenlos publizieren